U0041781

계획하는 어린이

我會自己做計畫

時間管理 〈 零用錢規劃 〈 作息安排

從故事建立好習慣，養成自主學習

姜壽眞／著
牟睿眞／繪
葛增娜／譯

更珍惜每一天的方法

　　你是不是整天做著媽媽或老師叫你做的事，或是不知道自己現在該做什麼？這樣應該很難察覺自己是獨立的個體。

　　「自主學習」、「人生的主角是我」。

　　這兩句話代表自己決定事情，在人生中成為主角。

　　人很難馬上就可以自己處理一切，但每天練習一點點，直到變成習慣，也會在不知不覺中成為人生的主角。

　　你一定很想問「到底要練習什麼？」，那就是寫下「計畫」並實行。其實我們生活在無數的計畫中。

　　「放學後我要和好朋友去公園玩。」、「教師節該怎麼感謝老師呢？」、「如果想買遊戲機，還要存多少錢？」、「想讓功課變好，下一次考試進步的話，要先做什麼呢？」

　　這些想法可以延續為計畫，該怎麼玩、該怎麼表達心意、該怎麼念書等。

　　沒有訂定計畫就度過的每一天，總覺得沒有完成什麼而感到有點遺憾，不過只要跟著計畫一一完成，就能漸漸累積心滿意足的經驗。

　　不過，不是每一件事情都會按照計畫進行，永遠都會有意外

發生。所以也會有人寫下「Ａ計畫」、「Ｂ計畫」、「Ｃ計畫」來預做準備。

　　其實做計畫並沒有想像中那麼困難，是相信自己、愛自己的過程之一，這就是我想透過這本書傳達的事情。

　　故事裡出現的主角和人物，大部分借鏡我身邊的人，包含時鐘貓。

　　每天晚起、慌忙上學，甚至不知道怎麼整理的智宇，桌上堆滿書和咖啡杯的劉知京老師，還有愛學校和動物的校長，都是各位身邊也會遇到的人，希望這個故事能更貼近大家。

　　透過《我會自己做計畫》，期盼大家能更了解如何愛自己，以及更寶貴的度過每一天。

玩樂老師　姜壽眞

智宇

親切善良的小學生。

很受朋友的歡迎，以及師長的疼愛。

做事冒失，不太適應學校生活。

天生好奇，常察覺到身邊發生的微妙變化。

會主動尋找解決問題的方法。

俊彬

智宇的好朋友，熱情講義氣。

負責餵時鐘貓，也要照顧迷糊的智宇，

所以永遠都很忙碌。

不過這樣的俊彬，其實一年級時也常忘記寫作業，

沒帶到該帶的物品，或是沒搭上補習班的接送車。

時鐘貓

胖胖且溫順的貓，坐在智宇的旁邊。

從新學期的第一天出現在學校之後，

就和同學們一起上課。放學後就神祕的消失。

多茵

智宇的同班同學，
也是彩茵的雙胞胎姊妹。
喜歡看書，多才多藝。
每天都很忙，幾乎沒時間運動和玩耍。

彩茵

多茵的雙胞胎姊妹。
個性調皮且開朗。
不知從何時開始喜歡智宇。

劉知京老師

智宇的導師，永遠都很忙碌。
白天在學校教課，忙著照顧班上的同學，
下班後忙著照顧小孩和備課。

校長

有時會為同學朗讀繪本，
也會分送親手做的餅乾。
有一顆溫暖的心，喜歡動物和植物。

目錄

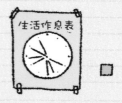

1. 銀色頭髮
分辨重要的事

「喵——起來！快起來！」

聽到吵雜的聲音，智宇醒來了。

「唉唷……」

他雖然很想再多睡一會兒，卻無法再睡，因為某個沉重的什麼壓在他的胸口上，還有個粗粗的東西擦過眼皮。

他好不容易睜開眼睛，從床上滑下來，剛好踩到放在地上的鬧鐘。

「好痛啊！媽！」

銀色頭髮

聽到智宇哭著叫媽媽，立刻跑來的人不是媽媽，而是爸爸。媽媽已經出門上班，所以是居家辦公的爸爸跑了過來。

　　「怎麼了？你還好嗎？」

　　爸爸抬起智宇的腳，仔細看看有沒有受傷。這麼一來，智宇失去重心，額頭撞到了爸爸的下巴。

　　「哇──我不要去學校了。」

　　智宇本來就很不想去學校，這下似乎找到了可以不去上學的藉口。

　　就在這時，他發現一隻貓靠在客廳的陽台窗戶上盯著自己，他瞬間和貓對到了眼。

　　貓搖搖頭，尾巴在窗戶上拍了一下就走掉了。

　　智宇問爸爸：「爸……我們家是幾樓？」

　　「你在說什麼？啊，快遲到了，今天是開學第一天！你快去洗臉！」

　　爸爸把智宇推向廁所，智宇從鏡子裡看到自己哭腫的金魚眼。

不過，怎麼會這樣呢？智宇瀏海裡的三根頭髮翹起來，變成了銀色！看起來就像是貓咪的鬍鬚。

　　不管他怎麼拉，都無法拔下銀色頭髮，試著用手撥亂瀏海，用力搖搖頭，但是銀色頭髮就是垂不下來，沒辦法用其他頭髮遮住。

　　「智宇，你到底在做什麼？快點出來，這樣下去沒時間吃飯了！爸爸準備了飯糰。」

　　智宇用毛巾隨便擦了擦臉，然後為了壓平蓬亂的頭髮，把毛巾綁在頭上走了出來。爸爸看到這個樣子拍了他一下。

　　「洗完臉後也該好好梳一梳頭髮！爸爸去拿梳子，你先去吃飯！」

　　「我不吃了，我要直接去學校。」聽到爸爸嘮叨，智宇一臉不高興的回話。

　　他隨便穿上衣服，背上書包就出門了，電梯正好停在這一樓。

　　「智宇，你⋯⋯」

聽到爸爸大喊著跑過來，智宇立刻衝進電梯。

當智宇走出抵達一樓的電梯時，一團黑色的
毛球擦過智宇的腳。

「喔？是剛剛那隻貓！」

絕對是剛剛看到的那隻貓。

「貓咪！」

　　聽到智宇的聲音，貓又用尾巴拍了一下牆壁
後，就轉過頭去，跳著跑遠了。

　　智宇跟著貓加快腳步走向學校。接著他看到
了也在上學途中的朋友，有去年同班的俊彬，還
有多茵和彩茵，智宇慶幸自己沒有遲到。

　　不過當智宇鬆了一口氣之後，突然想起餐桌
上冷掉的飯糰，還有坐在飯糰前嘆氣的爸爸，心
裡感到有些愧疚。

　　「明天真的要早點起床了。」

　　貪睡的智宇一年級時沒能改掉賴床的習慣，
尤其比較晚天亮的寒假，他起得更晚了。

銀色頭髮

「唉，如果可以再多放假一個禮拜就好了。」

校門口前，校長分送著花束歡迎同學的到來。

智宇接過花束聞了聞，他從陪襯著花的綠葉中聞到了沒聞過的味道。

「這是貓薄荷，是貓咪喜歡的香味。」俊彬聞了味道之後說。

「智宇，你起床後都不照鏡子的嗎？」彩茵看著智宇的頭髮說。

「對了！我的頭髮！」

智宇用雙手抱住了頭。

「智宇，你用這個梳一下頭。」

多茵將梳子遞給智宇。

多茵和彩茵雖然是長相一模一樣的雙胞胎，個性和習慣完全不一樣。多茵很安靜，彩茵非常活潑。

多虧了多茵，智宇稍微整理了凌亂的頭髮。

接著大家一起蹲在門口換穿室內鞋。

「俊彬，你是哪一班？」

「我是三班，智宇你呢？」

智宇問的是俊彬，彩茵卻搶先回答。

「喔，我是二班。」

「我也是。」

「你也是嗎？」

當俊彬回答「二班」後，智宇和多茵也接著回答。

「唉！只有我在三班！」

彩茵不高興的撇了撇嘴。

智宇這時才知道，自己和俊彬、多茵又同班了，接著又知道了另一件事……

「智宇，你為什麼不進來？」俊彬問。

「我忘了帶室內鞋。」

智宇嘆口氣，拍了一下額頭。

「你穿這個好了。早安！我是二班的導師，快點穿上鞋，進去和同學打招呼吧！」

老師遞了一雙室內鞋給智宇。

「謝謝老……」

銀色頭髮

智宇還沒說完，老師已經急忙跑進教室裡，走廊上傳來了同學和老師大聲打招呼的聲音。

　　智宇和朋友們也穿上室內鞋朝教室走去。

　　「智宇，你的位置在那裡，上面寫著你的名字。貓咪好像坐你隔壁，真好！」智宇猶豫的走進教室時，多茵說。

　　就如多茵說的，智宇隔壁的書桌上寫著「貓咪」兩字。

　　「名字叫貓咪，那牠姓貓嗎？」

　　當智宇看著隔壁座位遲遲不坐下時，老師拍著手說話了。

　　「來，請各位同學坐下來好嗎？」

　　這時剛好傳來了上課鐘響。

　　智宇聽到鐘聲後就像自動反應的機器人坐了下來，回過神才發現隔壁桌子上真的有一隻貓。

　　看到貓，班上的同學都十分驚訝，大家興奮的大叫。

　　「哇！是貓咪！」

「好可愛！」

「我也想跟貓咪坐在一起。」

大家你一言，我一句，教室裡鬧哄哄的。

「請你跟我這樣做！」老師大聲的對同學說，並拍了一次手。

同學們跟著拍了一次手之後看著老師。在一陣騷動中，坐在智宇旁邊的貓，已經蜷縮成一團，準備好聽老師說話。

銀色頭髮

「各位同學好！我是劉知京老師，還有我們班是有『ㄇㄇ』，還有『ㄐㄏ』的班級。」

老師在黑板上依序寫下「ㄇㄇ」和「ㄐㄏ」。

「你們覺得『ㄇㄇ』是什麼呢？」老師笑著問同學。

「是貓咪！」

「貓咪！」

同學們爭相回答。

「那麼『ㄐㄏ』又是什麼呢？」

老師再次詢問，這次同學們的回答顯得不太有自信。

「幾何？」

「幾何不是國中才教嗎？我們現在就要學了嗎？」同學歪著頭問。

「各位同學，放假時大家都會做一張表吧？那是什麼表呢？」

「計畫表？」俊彬回答。

「答案是『計畫』！」多茵接著說。

我會自己做計畫

「答對了。我們班上有貓咪，也會成為有計畫的班級。」

同學們點頭看著老師。

「大家做過什麼樣的計畫呢？」

「每天早上我會計畫『做三件好事』。」多茵說。

「我會和媽媽一起把今天該做的事情寫在便條紙上，如果我全部完成了，媽媽就會幫我貼笑臉貼紙。」

俊彬一說完，班上的同學七嘴八舌起來。

「哇，真的嗎？你好了不起！」

聽到吵雜的聲音，坐在智宇旁邊的貓抬起頭來看了一下俊彬。牠就像是眨眼般，輕輕閉上眼睛後再睜開。

「智宇呢？你做過計畫嗎？」這次老師問了智宇。

「我做過什麼呢……我討厭寫計畫，放假時媽媽叫我寫每日作息時間表，但我覺得很麻煩。」

「對啊！寫計畫真的很麻煩。」

聽到智宇的回答，大家紛紛點頭同意。

「沒錯，應該很多人跟智宇有同樣的想法，
所以老師想幫助你們，請仔
細聽老師說。」

老師把圓形塑膠魚缸放
在桌上，然後依序擺上裝有
大石頭、小石子的碗，以及
分別裝著沙、水的寶特瓶。

「智宇，你可以過來幫

老師的忙嗎？」

智宇聽到老師的話，猶豫的走向前。

「請你把大石頭、小石子、沙和水隨意放進魚缸裡，但是水不能從魚缸裡滿出來，石頭也不能高於魚缸，可以嗎？」

「四種全部都要放進去嗎？」

「對，放一點點也沒關係，但每一種都要，請你試試看。」

智宇點點頭後，先把沙子倒入到魚缸約一半的高度，再倒入一點水，倒進去的水滲進沙子

裡，所以智宇再倒了一點水。接下來放入大約十顆小石子，然後放進兩顆大石頭。最後還有一點空間，所以又放了一顆大石頭。

「老師說過石頭不能高於魚缸吧？」老師手指著凸出來的大石頭說。

智宇立刻把大石頭拿起來，再用小石子填滿剩下的空間。

「老師，我放好了。」

「智宇，謝謝你，你做得很好。這次換俊彬來試試看好嗎？」

俊彬走到前面。

「這次老師給你一點建議好了，你先把大石頭盡可能放進魚缸裡。」

俊彬小心翼翼的將大石頭用橫著或豎著的方式填滿了魚缸，最後放進了十七顆大石頭。

「各位同學，這個魚缸已經滿了嗎？」

「還沒！」班上同學異口同聲的回答。

「接著放小石子好了。俊彬，請你盡量把小

石子放進去。」

俊彬擺放小石子，用小石子填滿了大石頭間的縫隙。

「老師，已經放好了。」

「這一次呢？魚缸已經滿了嗎？」

「還沒，感覺沙子可以放進小石子的縫隙中，接下來還能倒水呢！」

老師微笑著點點頭。

「俊彬，你說得沒錯，這次就照你的想法進行吧！」

俊彬就像是科學家般，眼睛炯炯有神，他慎重的倒入沙子，最後又倒水進去。這麼一來，他的魚缸比智宇的放入了更多的石頭和水。

這時，智宇就像是被敲到腦袋般恍然大悟，原來是坐在隔壁的貓走到智宇的桌上，真的用尾巴打了一下智宇的頭。

「貓咪，走開啦！回你的位置。」

「喵——喵——」貓聽到智宇的話，只是喵

喵叫了兩聲。

老師繼續問。

「各位同學，請問智宇和俊彬填滿魚缸的方式，有什麼不同呢？」

「老師叫我隨意放進魚缸裡，所以我一下子放這個，一下子放那個，不過老師教了俊彬放入的順序。」智宇回答。

老師笑著輕輕拍手。

「沒錯，你說對了，這個差別，也就是我們有沒有事先計畫所造成的不同。被東西填滿的魚缸，可以代表你們的一天、一個禮拜、一年，甚至是一輩子。那麼大石頭、小石子、沙子和水分別代表什麼呢？」

聽到老師的提問，大家不知該如何回答，這時，俊彬小心翼翼的舉起手。

「我認為代表了重的事情和輕的事情的順序，就像是要先做重的事情。」

「哈哈，聽起來有點類似。要不要把『重』

換成『重要』呢，『輕』換成『輕鬆』呢？」

「重要的事！」

「這是由一位時間管理專家做過的實驗，這四種東西分別代表重要的事、沒那麼重要的事、沒什麼的事、不需要做的事。」

聽到老師的話，同學們都點點頭。

🐾 計畫的類型

新年計畫

新年適合開始養成好習慣的計畫。比起「考高分」、「學習樂器」等遙遠和抽象的計畫，建議寫下比較具體且可以實現的內容。如：「晚上十點前睡覺」、「一天閱讀十分鐘」等，這類比較小但容易做到的計畫。

假期作息時間表

放假期間其實比想像中可以完成更多的事情，不過若是懶散的度過，也會變成什麼都沒做，時間卻一下子就過去了。詳細規劃一天的時間，最重要的是適當安排念書和玩的時間，並好好遵守。

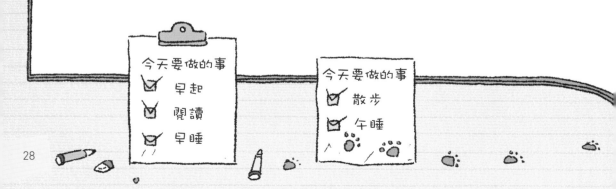

一日計畫

試著把一天分成二十四個小時詳細規劃。寫下幾點起床、幾點吃飯、什麼時候和朋友玩、什麼時候和家人一起度過。只是要注意，不可能達到的計畫會讓人很容易就想要放棄，所以重點是要寫下真正做得到的計畫。

校外教學計畫

校外教學之前也可以事先規劃。可以預先找資料了解校外教學的地點，寫下預計看什麼、學習什麼。也可以寫下要帶的物品清單，如：做筆記的文具或其他需要的物品。

＊除此之外，也可以規劃一個月、一週的計畫，或是規劃如何使用零用錢等。

緊急的事和不緊急的事

時間管理專家——史蒂芬・柯維

史蒂芬・柯維是暢銷書《與成功有約》的作者，也是時間管理的專家。在書中他將事情分成四類。

❶ 重要而且緊急的事。

❷ 重要但不緊急的事。

❸ 不重要但是緊急的事。

❹ 不重要也不緊急的事。

擬定所有的計畫時，都可以好好運用這種分類方式。把要做的事情全部寫下來之後再分類，就可以知道哪些事情比較重要。

	緊急的事	不緊急的事
重要的事	準備明天的小考 今天一定要寫完的功課	練習跳繩二迴旋跳 閱讀
不重要 的事	和朋友去公園玩 放學後去吃辣炒年糕	看 Youtube 到很晚 睡午覺

🐾 什麼是重要的事？

先在紙上畫魚缸，準備大、中、小張的便條紙和色鉛筆。

重要但不緊急的事寫在大便條紙上，重要而且緊急的事寫在中便條紙上，不重要但是緊急的事寫在小便條紙上，不重要也不緊急的事直接用色鉛筆寫在魚缸中。請試著用俊彬填滿魚缸的順序來填滿紙魚缸。

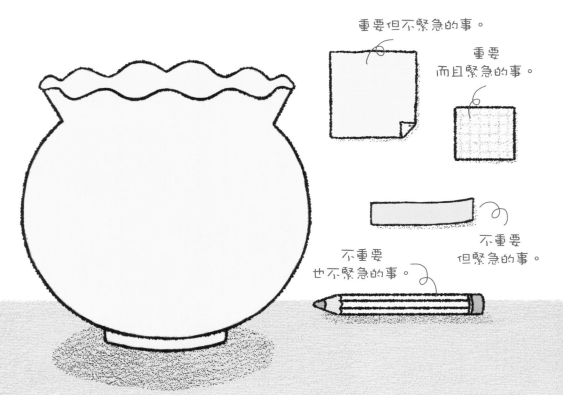

重要但不緊急的事。

重要而且緊急的事。

不重要但緊急的事。

不重要也不緊急的事。

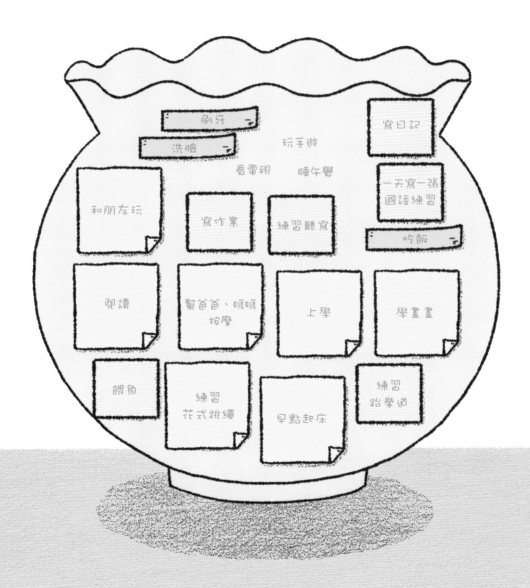

2. 時鐘貓，一定是你！

安排作息和設定目標

　　智宇和同學們照著在魚缸放入石頭和水的順序，把計畫寫在便條紙上，並貼在圖畫紙上畫的魚缸裡。

　　老師認為大家準備好了，現在可以把計畫一天的方法告訴同學了。

　　「各位同學，今天我想介紹新的計畫方法，請大家未來的三週持續實行。」

　　同學們瞪大了眼睛看著老師。

　　「今天要介紹的計畫表是『圓餅圖作息時間表』。」

時鐘貓，一定是你！

老師在黑板上畫了圓形，大家也跟著老師畫了圓形。老師畫的是正圓形，一些不太會畫圓的同學則畫了歪歪的圓。把圓分成二十四塊，就知道所有人每天的時間都是二十四個小時，也知道每個人的睡覺時間、玩耍時間、念書時間都有一點不一樣。

　　智宇只要一有空閒，就安排觀察魚這件事，所以每天大約有兩個小時都在看魚。他深深愛上不久前和媽媽一起去水族店買的兩條慈鯛，因此在觀察魚的時間格上畫了慈鯛。

　　「這個時間表一看就知道是魚博士的！」

　　俊彬看了一眼智宇的時間表，然後將自己的拿給智宇看。俊彬時間表的午餐格上畫著貓的圖案。

　　智宇看了看旁邊趴睡成吐司形狀的貓，然後用手指指了一下，俊彬笑著點點頭。

　　到了下課時間，俊彬和多茵來到智宇的位置，他們來看坐在旁邊的貓。

俊彬和多茵邊撫摸著貓，邊和智宇聊各種事情，班上其他同學也很常這麼做。因此還不到四月，智宇幾乎和所有同學都成了朋友，多虧坐在旁邊的貓。

四月一號是愚人節，那天真的發生了就像是謊言一般的事情。

四月開始，智宇擔任負責收拾老師桌子的小幫手，他正在整理桌子。

前一天晚上，智宇向爸媽說四月開始他要負責幫忙整理老師的桌子時，媽媽不禁擔心了起來。

「智宇連自己的書桌都整理不好了，會不會把老師的桌子搞得更亂？」

爸爸也點點頭。

不過不同於爸媽的擔心，老師的桌子比智宇的還要亂上十倍。

二班比起其他班級，有更多的書與玩具，而且老師桌上的東西也特別多。

　　老師每天把咖啡當水喝，所以桌上永遠放著三、四個杯子，還有教科書、教師手冊，以及其他上課用的物品，這些東西全都以隨時會坍塌般的狀態堆在桌上。

　　一到下課時間，同學就會圍在老師身邊，有人告狀、有人炫耀自己的生日、有人說自己哪裡不舒服，大家都有很多話想說。

這麼一來，老師根本沒時間整理桌子，下課時間永遠看著同學的眼睛，傾聽同學說話。

智宇很開心自己成為幫忙收拾桌子的小幫手。

智宇整理著老師的桌子時，偶然看到攤開的筆記本，立刻發現綠色的字寫的是學校的事，藍色的字寫的是正在學習的項目，粉紅色的字寫著和老師的孩子相關的事情。

他很好奇老師怎麼能完成這麼多事，搞不好老師可以像施魔法般的使用時間，都是因為這本筆記本。

智宇看著老師的筆記本點頭的時候，校長笑著走進了教室。

「從現在開始，我是各位的新導師。」

班上同學全都驚訝的看著校長。

「哈哈，其實今天是要上特別課程，第一節課我會朗讀繪本給大家聽，第二節課你們老師就會過來了。猜猜看我帶了哪一本繪本？大家一起看好嗎？」

校長用溫柔的聲音念著繪本時，窗邊照射進來的陽光輕輕在貓的毛上，還有智宇的眼皮上搔癢，智宇湧上一股睡意，閉上了眼睛。

　　「喵──快起來，每天早上要叫醒你真的很辛苦！」

　　「果然是你呢⋯⋯時鐘貓，不要叫醒我⋯⋯」智宇在睡夢中聽到聲音，不自覺的回答。

　　「哈哈哈哈！」

　　聽到智宇說夢話，全班同學大笑。

　　「申智宇，快起來！」

坐在智宇後面的多茵戳了戳他的背。他嚇得立刻睜開眼睛，發現隔壁的貓竟然坐在自己的頭上。

校長抱起貓，放在旁邊的位置上。

「你怎麼知道這隻貓的名字是時鐘貓？」

「為什麼牠叫時鐘貓呢？」

智宇問校長的問題，俊彬搶先回答：「因為貓咪住在鐘塔下方，牠懂得看時間，所以都在同樣的時間來教室，在同樣的時間離開。」

智宇知道俊彬中午都會餵貓吃飯，因為他看過俊彬的每日作息時間表。

「沒錯，貓咪比申智宇更早到教室，在教室走一圈之後再坐回位置上。」多茵也幫忙回答。

「校長，貓咪剛剛跟我說話，而且牠之前也來過我家。」

當智宇這樣說時，班上的同學再次發出笑聲。

「今天是愚人節，誰會相信你說的話？」某個同學笑他。

「是嗎？搞不好智宇說的是真的。我小時候，有一隻和牠長得很像的乳牛貓曾經跟我說話，那時牠建議我要多看書，當時那隻貓有可能是貓國派來的精靈呢。」

　　同學們聽著校長難分真假的話，臉上堆滿了笑容。

　　到了第二堂課，老師又向班上的同學介紹新的計畫方法，名字叫作「做完了！撕掉吧！」。

　　「各位同學，請打開老師給的筆記本，寫下一個禮拜的目標，寫幾個都可以，還有為了在完成目標後撕掉，請把每一項目標剪開，只留下最上面的部分。」

　　智宇寫了四個目標。他的目標是：「借淡水魚相關的書、練習跆拳道、畫魚、連續一個禮拜早起吃早餐」。多茵寫了七個、俊彬寫了五個。每個人一個禮拜同樣都是七天，但是想要完成的

目標內容不同，數量也不同。

隔天，智宇早起吃了早餐後出門上學，他順路去圖書館借跟淡水魚相關的書。

放學後去跆拳道館練習，回到家裡也畫了魚。現在只要在剩下的六天，每天早起吃早餐就能完成全部的計畫。

其實智宇現在對早起吃早餐、不遲到的目標充滿了自信，因為從不久前開始，在鬧鐘響起之前他就會睜開眼睛。

還有，智宇也多了一個祕密，就是頭上像貓咪鬍鬚的銀色頭髮變長了，現在只要好好的往旁邊梳一梳，就能稍微遮蓋起來。

智宇和同學們因為每週計畫表，每一天都過得很充實。因為只要把目標寫在計畫表上，就會想要努力完成。不過，多茵除外。

「我每天要去四個才藝班，所以沒辦法遵守計畫。」

多茵似乎跟老師一樣過著忙碌的一天。每天放

學後要補英文、參加讀書會、上鋼琴課和畫畫課。

「妳要學那麼多東西 ?!」

智宇瞪大了眼睛。

「你要不要和我們一起學呢？」一旁的彩茵問。

「我考慮一下。其實我也很想把魚畫好，但真的好難。」

「要先好好觀察後再畫，不過學很多東西的話，就沒時間玩了……」多茵小小聲的帶過了這句話。

多茵和彩茵的父母都在上班，所以她們只能去才藝班，不去的話，家裡就必須有大人在。

智宇的爸爸居家辦公，所以他不需要去才藝班。不過只靠自己畫畫，進步很有限，智宇有點想去學畫畫。

當天晚上，智宇向媽媽提起想學畫畫的事。這是他第一次跟媽媽說自己想學什麼，因此不自覺的緊張了起來。

「嗯……你第一次主動說自己想學東西，媽媽會認真考慮。如果要去的話，你應該想進朋友的那一間才藝班吧？」

隔天媽媽終於答應了智宇的要求。智宇打開筆記本，用鉛筆在計畫表欄位認真的寫下「去美術才藝班」，然後每天倒數著再過幾個晚上，就能去學畫畫了。

班上同學不只寫下一個禮拜的目標，同時也記錄下重要的日常生活和計畫。四月第三個禮拜的校外教學要去警察博物館，班上一位同學在月曆上畫了警察，有的同學還用漂亮的貼紙裝飾計畫表。也有些同學費了更多心思在計畫表上貼貼紙和畫畫。

老師發給班上同學一樣的筆記本，但沒有人的內容一模一樣，全都發展成不同的樣子。

直到不久之前，智宇還覺得每一天都沒什麼特別、很無聊，不過現在每天過著不同的生活，知道自己每天努力完成了很多事情。光是寫下了計畫和目標，就有了這樣的改變。

計畫一天

❶ 沿著紙盤畫圓形。

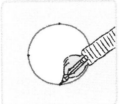

❷ 在圓相對的四個位置畫上黑點。

❸ 照著右圖寫下數字。最後在上方的
數字「12」畫上月亮，下方的數字
「12」畫上太陽。

❹ 從圓心畫線分出睡眠時間區塊。

❺ 再細分成許多時間區塊，計畫自己的
一天。

* 一天的時間安排最好不要太過緊湊，
  要以足夠的時間，安排可以達成的內容。

🐾 計畫一週

請在筆記本上寫下一週的計畫。仔細寫下要做的事情後，每完成一項，就像闖關成功一樣做標示。

可以像智宇和同學們撕下完成項目的紙，或是用有顏色的筆畫圈或打勾。這種計畫表在達成目標後會很有成就感，對於實現計畫很有幫助。

一週計畫

日	一	二	三	四	五	六
✔	✔	✔	✔	✔	✔	✔
換魚缸水	去美術 才藝班	製作 淡水魚辭典	練習 跆拳道	閱讀30頁	畫魚	去奶奶家

備註	我一定做得到！

一週計畫

日	一	二	三	四	五	六

備註	寫下我的一週計畫。

3. 多茵的
生日禮物
規劃零用錢

　　很快就是多茵和彩茵的生日了，俊彬和智宇在文具店前煩惱著該買什麼禮物。

　　「要不要送彩茵梳子？多茵有梳子，但彩茵好像沒有。」俊彬說。

　　「彩茵就算有梳子也不會帶在身上。」智宇搖搖頭思考著。

　　「你要送什麼禮物？」」

　　其實智宇也想不出來該送什麼才好。

　　「如果我畫魚送她，她會喜歡嗎？」

「嗯，你畫魚好了，不過你喜歡魚，多茵、彩茵應該沒那麼喜歡吧？這樣吧，我畫花送她們！」

俊彬不知道多茵和彩茵家裡有尾巴會發出藍光的孔雀魚，多茵對智宇說過，她喜歡坐在魚缸前觀賞孔雀魚。

智宇想畫自己最喜歡的漂亮慈鯛，需要卡片來畫圖。

俊彬要去補習班先離開了，智宇一個人走進文具店，但是他想買的卡片竟然要二十元。

「唉，我只有十元而已……」

智宇失望的走出文具店，然後對著坐在文具店門口的時鐘貓說：「時鐘貓，你有沒有十元？」

雖然知道貓不可能回答，但他因為心情很煩悶就隨口問了。

「我怎麼可能有錢？所以你應該要好好規劃零用錢啊！」

「嗯？」

智宇懷疑起自己的耳朵，而且那個聲音就是

多茵的生日禮物

他在睡夢中聽到的聲音。

「我聽到你們的對話了，你想要畫魚送給多茵吧？」

智宇驚訝的張大了嘴巴。

「你知道在整個三月的二十一天裡，我每天早上都叫你起床吧？為什麼是二十一天呢？因為人改變習慣需要二十一天。總之，我就是負責做那件事的貓，等時候到了，就會拜託人類幫我做一些事，現在就是時候了。」時鐘貓說。

「俊彬也聽得到你說的話嗎？看他跟你很熟的樣子。」智宇到現在還是無法置信，因此掐著自己的臉頰問。

「對，寒假期間，我幫俊彬改掉了壞習慣。他總是忘東忘西的，所以我就一直跟著他、提醒他。我也在他身上插上可以跟我對話的天線，是用貓咪鬍鬚做成的，跟你頭上的一樣。」

智宇摸了一下自己的瀏海。

「哇，難怪俊彬最近東西都準備齊全，還

可以提醒我。他原本跟我一樣很容易忘了帶東西……就是你拜託俊彬餵你吃午餐嗎？」

「喵——你挺聰明的呢！我要上學，大多時候不容易吃到飯。有人會像踢足球一樣踢掉我的飯碗，也有小孩只要看到我就緊緊抱著不放。」

時鐘貓稍微露出了貓爪，又藏進毛裡面。

「你想拜託我什麼？」

「也幫我畫。」

「畫什麼？」

「畫黃色的慈鯛，我打算掛在貓咪時鐘局辦公室裡。我看到你在練習畫畫，應該很快就可以畫得很好，對於喜歡黃色魚的貓來說，大家都很期待。」

「好，你有二十元嗎？」

「貓哪會有錢？」

「對耶，你剛剛說過了。」

「不過有其他的辦法，你有素描簿吧？撕下裡面的紙，用剪刀修剪後再對折，就變成卡片啦！」

「哇！我怎麼沒想到呢？」

時鐘貓把前腳塞進肚子裡，拿出一本手冊。

「這是零用錢記帳本。這次朋友的生日禮物，你雖然決定送給她充滿心意的手繪卡片，但還是要為了五月做準備。五月有母親節，你要好好儲蓄和規劃零用錢。」

智宇打開了寫著「智宇的零用錢記帳本」的手冊。上面畫著大大的表格，可以記下日期、買了哪些東西，還可以寫下反省和計畫。零用錢記帳本看起來有點像爸爸、媽媽的儲蓄帳戶，也有點像家計簿。

「謝謝，我很喜歡。」

不過時鐘貓根本沒聽到道謝，牠已經在遠處的松樹下跳來跳去抓蝴蝶。

「牠真的是隻貓呢！」

智宇很慶幸這麼特別的貓坐在自己的旁邊，他從書包拿出鉛筆盒，在零用錢記帳本寫下目標。

「母親節。」

✦

隔天，爸爸給了智宇二十元零用錢。智宇把昨天的十元和二十元一起放進抽屜，然後在零用錢記帳本的「結餘」寫下三十元。

這些錢夠買昨天在文具店看到的漂亮卡片，不過智宇已經畫好要送給多茵和時鐘貓的畫，放進室內鞋袋子前方的口袋裡。因為卡片有點大，塞不進去的地方凸了出來，不過好處是一遇到多茵就能馬上送給她。

上學的路上，智宇的心像浮雲一樣輕飄飄的，一看到俊彬就立刻抱住他的脖子。

「喂！你怎麼不早點告訴我時鐘貓的事？真沒義氣！」

「你也被拜託事情啦？如果在時鐘貓拜託事情之前就告訴別人，時鐘貓就會離開學校。」

「牠沒跟我說啊！」

智宇想應該是時鐘貓被蝴蝶分散了注意力，才沒有好好告訴自己相關注意事項。

　　「智宇、俊彬！」

　　彩茵從遠處跑了過來。

　　「彩茵，生日快樂！這是我畫的。」

　　俊彬把畫了花的卡片拿給彩茵。

　　「哇！俊彬，謝謝你。智宇，那也是我的嗎？」

　　彩茵看了一下智宇的室內鞋袋子，不等智宇回答，就從袋子裡抽出卡片。

　　「糟糕，我忘了畫彩茵的卡片……」

　　智宇慌張的看著正讀著卡片的彩茵。

> 多茵：生日快樂，明年我會送妳喜歡的禮物。
> 很開心二年級也能和妳成為同班同學。
>
> 　　　　　　　　　　　　　　智宇

不久之後，卡片掉落在地上，彩茵回頭看了一下智宇，擦掉了眼淚。

後來才跑過來的多茵，用眼神跟智宇打了招呼後，急忙跑去追彩茵。

「智宇，你沒準備彩茵的卡片嗎？」俊彬在他耳邊低聲問。

智宇一走進教室，多茵就低下頭來，俊彬看了他一眼後，也轉過頭去。

「怎麼會這樣⋯⋯」

智宇大大的嘆了一口氣。

第一節課的鐘聲響起，時鐘貓又趴成吐司的樣子看了看班上的同學，然後在開始上課前就走出了教室。

「為什麼感覺今天大家都在躲我？連俊彬也那樣對我？」

智宇很想知道連俊彬也不理會自己的原因。

他一整天什麼都聽不進去，腦中什麼想法也沒有。

「老師說過這個禮拜五，所有二年級同學要一起去警察博物館吧？所以想在校外教學之前請大家寫校外教學計畫表。今天回家請想一想，校外教學前要知道的和該準備的事，然後明天上台發表。」

智宇根本聽不進老師說的話。

放學的鐘聲響起，智宇立刻離開教室。他看了室內鞋袋子，沒看到要送給時鐘貓的畫。為了確認他翻了一下袋子，摸到了一些東西。

袋子裡有兩張紙條，其中一張一看就知道是誰寫的，因為上面有多茵常用筆記本上的企鵝圖案。

真希望你也能祝彩茵生日快樂，
因為我們是雙胞胎。
其實彩茵喜歡你，但只有我收到卡片，
感覺有點過意不去。
俊彬似乎嫉妒你只給我卡片。
不過還是謝謝你，明年也請畫魚給我，
你畫的魚很漂亮！
多茵

另一張紙條也是一看就知道是誰寫的，因為蓋著時鐘貓的腳印。

所謂的計畫不會永遠照著計畫完成，
不過你已經充分表達了心意。
你現在可能聽不懂，
但透過錯誤你又成長了一點，
所以希望你不要太難過。

我今天為了把大家期待的魚圖畫
拿到貓咪時鐘局而早點離開了，
我非常喜歡這張畫，
時鐘局的貓咪們也都會喜歡的。
對了，謝謝你，昨天我忙著和蝴蝶玩，
忘了告訴你注意事項，你還是幫我保守了祕密。
還有，在我離開之前，
幫我選出需要我幫助的下一位朋友，
當初俊彬選的是你。

智宇看完時鐘貓的信之後，再次急忙的跑回教室。

「俊彬、多茵！我們一起回家好嗎？」

然後他也去三班叫彩茵一起回家。彩茵可能因為其他同學的祝賀，看起來心情好多了。

　　智宇為了讓大家看他養的黃色慈鯛，帶著朋友們回家。

　　到家後，他把存錢筒交給爸爸。

　　「爸爸，請幫我買蛋糕，今天是雙胞胎的生日。」

　　大家靠在魚缸的四周看魚。

　　「這兩隻魚很像我們。」多茵指著黃色慈鯛對彩茵說。

　　「沒錯，很像我們。」

　　慈鯛是很愛打架的魚，就像彩茵和多茵時常鬥嘴，慈鯛也很常一起游泳玩耍，也跟彩茵和多茵一樣。

　　過了不久，蛋糕送來了。

　　「多茵、彩茵，生日快樂！」

　　爸爸在蛋糕插上蠟燭、點火。彩茵和多茵就像照鏡子一樣，彼此對看後一起吹熄了蠟燭。

雖然不是事先規劃好的生日派對，但大家都很開心。俊彬也用興奮的聲音唱了生日快樂歌，智宇看著那樣的俊彬露出了微笑。

🐾 有計畫的使用零用錢

如果毫無計畫的隨便花錢，可能會造成真正需要錢時，卻沒有錢的狀況，所以需要「有計畫的使用零用錢」。為了管理零用錢，可以試著寫「零用錢記帳本」，把拿到的零用錢、花掉的錢和預計花的錢記錄下來，就可以減少不必要的浪費。

零用錢記帳本的好處

❶ 預先規劃零用錢，把錢花在必要的地方。

❷ 一眼就知道錢花在哪裡、花了多少錢。

❸ 可以反省和改變不對的消費習慣。

智宇 的零用錢 記帳本

現有的錢		0 元
日期	項目	收入
4 月 1 日	媽媽給的零用錢	60 元
4 月 6 日	和俊彬一起買辣炒年糕吃	
4 月 10 日	奶奶給的零用錢	100 元
4 月 12 日	逛文具店買了魚形橡皮擦和遊戲卡	
4 月 13 日	爸爸給的零用錢	20 元
4 月 17 日	阿姨給的零用錢	100 元
4 月 20 日	口太渴了，買飲料喝	
現在剩餘的錢	110 元	心得
月 日		

計畫		為了母親節要努力存錢！	
支出	結餘		備註
	60 元		這個月要省錢。
-40 元	20 元		原本還想吃煎餃，但我忍住了。
	120 元		謝謝奶奶。
-110 元	10 元		完蛋了，要重新存錢。
	30 元		
	130 元		阿姨，我愛妳！
-20 元	110 元		下次要帶水壺。

除了有必須買的物品，不要去文具店

4. 空白，
讓計畫更完美
修正計畫的空間

　　第一節課已經開始了，但是時鐘貓還沒有進教室。

　　智宇擔心是不是其他貓咪不喜歡他畫的魚，或是時鐘貓又追著蝴蝶玩而忘了時間。

　　當他看著窗外專心想事情時，老師說：「那麼，這次由智宇回答好了。去校外教學前還要計畫什麼呢？」

　　黑板上已經寫下了其他同學回答的內容。

「那個，我認為是⋯⋯空白。」

「空白？你可以說明為什麼需要空白嗎？」

「好的。老師從三月的第一週開始告訴我們寫計畫的方法，但是計畫越多，越難遵守，有的時候連一個計畫都沒辦法達成。所以如果留有空白，校外教學時也不用為了完成所有的項目一直趕時間，或者在沒有完成計畫而感到慌張時，也比較容易修正計畫。」

「哇！」

四周傳來鼓掌的聲音，智宇的臉漲紅。

「這是個很棒的想法，我想不只是校外教學，所有的計畫也都需要留下空白！」

老師看著智宇拍拍手。

智宇在那一瞬間決定了下一位想拜託時鐘貓幫助的人，就是筆記本上計畫滿滿的老師。

中午休息時間，智宇跟著要去餵貓的俊彬走

出去。他們走到時鐘塔下，時鐘貓剛好在那裡等候。

「喂！你知道我有多擔心嗎？為什麼今天沒到教⋯⋯」

這時，時鐘塔的後方又出現了一隻時鐘貓。

「你找我嗎？」

時鐘貓看到智宇和俊彬很開心，來回兩人之間磨蹭身體。

「我還以為因為我的圖畫得太糟糕了，你被其他貓咪罵，所以才不能來教室！」

智宇一說完，俊彬問：「跟你長得很像的那隻貓是誰？牠也可以和我們說話嗎？」

時鐘貓沒有回答，牠走過去和那隻貓互碰鼻子、眨眨眼睛，然後兩隻貓的尾巴靠在一起形成了愛心，不用說也知道，兩隻貓是彼此的另一半。

「在這間學校可以聽得懂人話的，只有長著銀色天線鬍鬚的我，或者是我生下、同樣有銀色

天線鬍鬚的寶寶。」

智宇和俊彬驚訝的瞪大眼睛。

「因為你有黑色的毛，我還以為你是公貓！」

「我也是！」

他們抓著頭笑了，這麼一說，時鐘貓的肚子圓滾滾，好像不是因為吃太多的關係。

「這樣子的話，接下來要請你幫忙的人，是不是也沒辦法幫忙了呢？」智宇問。

「不是，從現在開始，孩子的爸會暫時代替我幫助人類。」

「那不就等於你也有了空白的時間！」俊彬問。

「沒錯，這個空白是為了我，也是為了家人的寶貴時間。」

如何填寫寒暑假作業的學習心得表

寒暑假期間和家人一起去家族旅遊、拜訪親戚，或是與學習相關的校外活動時，可以填寫學習心得表。

寫下「目的」和「計畫」，依照目的找尋資料後規劃，有助於結束後寫下心得內容，也會覺得更有收穫。請參考右方智宇的「學習心得表」。

學習心得表

名字	申智宇	班級	二年二班

時間	2023 年 8 月 19 日～8 月 20 日
型態	家族旅遊
目的地	釜山
一起去的人	爸爸、媽媽
準備的東西	衣物、筆記本、筆
目的	和爸爸、媽媽一起去釜山旅行

計畫	8/19 搭乘高鐵抵達釜山 午餐吃豬肉湯飯 參觀太宗台國家地質公園 參觀白淺灘文化村、電影拍攝地 晚餐吃生魚片	8/20 吃完早餐去海雲台 搭高鐵回家

心得	

5. 五月的計畫
節日活動的安排

我永遠愛您

謝謝您

　　幾天後，時鐘貓在校長室生下了寶寶。

　　校長室原本就是同學時常聚集的地方，校長在這裡朗讀繪本給同學聽，也會分送親手做的餅乾，而且最受歡迎的校長室就在圖書館的旁邊，大家來校長室後，自然而然的也會走進圖書館裡閱讀或借書。

　　自從時鐘貓在校長室生下寶寶後，圖書館的老師代替校長朗讀繪本及分送餅乾。

為了不打擾到時鐘貓和寶寶，現在只有少數同學可以進入校長室。

智宇班上的同學打算寫照顧小貓的計畫，不過沒有人知道該準備什麼，老師也不是很清楚。

「我們先了解貓的生產過程好了。」

老師和同學們一起去了圖書館，把與貓相關的書全都借了回來。

某天，校長把智宇和俊彬叫到校長室，因為智宇和時鐘貓坐在一起，俊彬負責餵牠吃午餐，所以邀請他們來。

站在校長室門口的智宇緊張到心臟不斷怦怦跳，他已經能聽到門內小貓的叫聲了。

他小心翼翼的打開門走進去，看到可愛的小貓，張大了嘴巴。牠們的身上同樣有著乳牛花紋，眼睛還沒張開，縮在時鐘貓的懷裡。

「謝謝你們來，通常貓是不讓人看寶寶的，但我很想讓你們看看。」

「好可愛，長得跟你一樣呢！喔？不過牠

們⋯⋯」

俊彬看到兩隻特別醒目的貓，牠們都有著銀色的鬍鬚。

「沒錯，這兩隻長大後可能會成為時鐘貓，不過牠們擅長什麼、想做什麼，要等長大之後再觀察了。」

「那就是當父母最偉大的計畫了。」

校長露出溫暖的微笑。

智宇雖然不是很明確的知道那是什麼意思，但也感覺心中暖暖的。

「這個月開始，我去了美術才藝班，而且更努力練習畫魚。」

「可以做自己想做的事情，感覺怎麼樣？」

趁小寶寶在懷中睡著時，時鐘貓和他們輕聲的聊天。

「一開始非常興奮，訂下了每天觀察和練習素描的計畫，可是過了幾天，和俊彬打完羽毛球後，就累得直接睡著了，每天持續執行計畫真的

很難。」

「喵——你似乎忘記自己說過計畫需要有空白。有句話說『決心過不了三天』，代表即使寫下了計畫，通常過了三天就堅持不下去了，所以不是只有你這樣。」時鐘貓安慰智宇。

「我也曾那樣，寫下每天閱讀的計畫，但常打開書後就打瞌睡，那時候時鐘貓的奶奶出現在我面前，牠的名字叫作『新月』，身上有像亞洲黑熊胸前的新月形狀紋路，我們學校的名字也叫『新月國小』喔。」校長加入了話題。

「果然校長也是隱藏著銀色鬍鬚祕密的人！」俊彬點點頭。

智宇聽到時鐘貓不為人知的歷史，心臟又開始怦怦跳了起來。

「新月說，只要每三天就立下同樣的決心重複七次，就可以成為實現計畫的人。」

「喵——那就是我們的計畫。我們不是讓人成為寫下計畫的人，而是實現計畫的人。所以不

五月的計畫

是『計畫每天畫畫的人』，而是幫助他成為『畫畫的人』、『跑步的人』或是『閱讀的人』，喵──」

「哇，超棒的！我以後要成為『畫畫的人』、『早起的人』和『喜歡朋友的人』。」

智宇不自覺的大聲回答，小貓們被嚇到哭了起來。

「我要成為把你趕出去的貓媽媽。明天見，我的朋友們。」

智宇在被趕出校長室前的最後問了一句：「那時候新月拜託了校長什麼事呢？」

「成為你們兩個就讀的新月國小的校長。」

校長的話有點像開玩笑，但智宇和俊彬覺得很有說服力。

智宇五月的任務是「打開教室的窗戶」。智宇不再遲到，每天一早到教室裡打開窗戶。風從窗戶徐徐吹進來時，教室才彷彿從睡夢中醒來。

智宇在計畫筆記本貼上了便條紙，然後在上

面寫著「第二節課休息時間和午餐時間，別忘了打開教室窗戶」。

那麼，這個月誰負責整理老師的桌子呢？沒有人負責，因為現在不需要整理了。

每當智宇早上走進教室，代班的時鐘貓會稍微用眼神跟智宇打招呼之後，坐在桌子上。但牠已經不再坐到智宇的隔壁，而是坐在老師的桌上。由於貓一直推掉桌子上堆得像高塔般的書和文件，老師只好把桌子整理乾淨。

班上的同學依然在下課時間來找老師，不過比起老師，他們更關心時鐘貓，因此老師就有時間整理桌子了。

　　「因為時鐘貓，老師最近變得更忙了。」

　　雖然嘴巴上這麼說，但坐在乾淨的桌前喝著咖啡、撫摸著貓的老師，總覺得看起來更從容，笑容更加柔和。

　　午餐時間先吃完飯的同學坐在教室裡剪著素描簿製作卡片，他們想在母親節時，送親手做的

卡片給媽媽。

　　「像這樣預先計畫，準備的期間都很開心。」俊彬興奮的說。

　　「我好緊張，媽媽收到會開心嗎？」多茵用有一點發抖的聲音說。

　　「嗯，一定會喜歡！」智宇非常有自信的回答。

　　他轉頭看向窗外，時鐘貓和五隻小貓在操場的草地上打滾。

　　他的五月計畫是對家人表示感謝，還有珍惜友誼。

🐾 迎接寵物的計畫

和寵物一起生活真的很幸福、溫暖，不過養寵物需要責任感，因為所有的生命都很寶貴。

所以在迎接寵物之前，一定要先確認自己是否準備好長久對一個生命負起責任。

如果有特別想養的動物，必須先透過書籍或網路學習。因為狗、貓、倉鼠的特性都不同，所需要準備的物品也都不一樣。

如果想要迎接寵物，請參考右邊的計畫表。

迎接寵物的計畫

寵物的名字	麻糬（小狗）
一定要先確認！	一起住的家人有沒有人對狗過敏。 想一想是否可以負責和照顧一個生命到最後。
養寵物時 必須考慮的事項	大聲吠叫時，可能會造成鄰居的困擾。 很常掉毛，所以衣服、床鋪會變髒。 幼犬時期不太會控制大小便。
想養寵物 的理由	小狗真的很可愛又討人喜歡。 和小狗一起生活，可以理解生命的寶貴，全家人也會很開心。
健康幸福 一起生活的方法	為了小狗的健康，不能餵食人吃的食物。 常常帶牠散步，才不會累積壓力。 散步後要擦腳，也要規律的幫牠洗澡和刷牙。 牠可能感到孤單，所以盡可能不要一直讓牠單獨待在家裡。 不過狗偶爾也需要自己的時間，不要一直摸牠或黏著牠。
需要的物品	飯碗、水碗、飼料、狗屋、項圈、名牌、點心、洗毛精、毛梳

🐾 計畫五月

五月有母親節，身為子女，要在母親節前做好準備。

❶ 親手做康乃馨

看 Youtube 或是摺紙書做康乃馨
送給媽媽，如果搭配充滿心意的卡
片會更好。

❷ 設計感謝兌換券

在兌換券寫下會讓媽媽開心的事情，
如：做家事或按摩肩膀等。

● 用零用錢買禮物

如果想買禮物送給父母，就要好好觀察他們需要什麼。
常用的文具、擦眼鏡的眼鏡布、室內拖鞋等，可以送不
昂貴但是充滿心意的禮物。

1. 古羅馬作家
2. 美國現代主義藝術家
3. 美國管理學專家
4. 美國陸軍上將
5. 法國作家、飛行員,《小王子》的作者
6. 法國微生物學家、化學家

人生最大的祕訣，
就是根本沒有任何祕訣。
無論你的目標為何，
只要你願意努力就能達到目標。
——歐普拉[7]

目標跟計畫不一樣。
計畫是將目標細分成十等分的過程。
——金敬日[8]

將夢想和日期
一起寫下來就會成為目標，
把目標細分就會成為計畫，
只要把計畫付諸行動，夢想就會實現。
——格雷格．里德[10]

如果沒有立刻實行計畫，
那只不過是個好的想法。
——彼得．杜拉克[9]

如果你永遠都不寫下計畫，
等同於你永遠都寫下失敗的計畫。
——希魯姆．史密斯[11]

自己的計畫有自己的風格，
所以模仿某人的計畫表毫無意義，
一定要自己親自擬定。
——姜壽眞[12]

歐普拉．溫芙蕾

金敬日

格雷格．里德

彼得．杜拉克

希魯姆．史密斯

姜壽眞

7. 美國脫口秀主持人、電視製作人，入選時代百大人物
8. 韓國認知心理學家、心理學教授
9. 奧地利作家，有「現代管理學之父」之稱

10. 美國作家、電影製片
11. 美國知名企業家，有「時間管理之父」之稱
12. 本書作者

知識館
我會自己做計畫
時間管理、零用錢規劃、作息安排……從故事建立好習慣，養成自主學習
계획하는 어린이

作　　　者　姜壽眞 강수진
繪　　　者　牟睿眞 모예진
譯　　　者　葛增娜
封面·內頁設計　黃鳳君
主　　　編　汪郁潔
編　　　輯　蔡依帆

國 際 版 權　吳玲緯 楊靜
行　　　銷　闕志勳 吳宇軒 余一霞
業　　　務　李再星 李振東 陳美燕
總 編 輯　巫維珍
編 輯 總 監　劉麗真
事業群總經理　謝至平
發 行 人　何飛鵬
出　　　版　小麥田出版
　　　　　　115 台北市南港區昆陽街 16 號 4 樓
　　　　　　電話：(02)2500-0888
　　　　　　傳真：(02)2500-1951
發　　　行　英屬蓋曼群島商家庭傳媒股份有限公司
　　　　　　城邦分公司
　　　　　　115 台北市南港區昆陽街 16 號 8 樓
　　　　　　網址：http://www.cite.com.tw
　　　　　　客服專線：(02)2500-7718 ｜ 2500-7719
　　　　　　24 小時傳真專線：(02)2500-1990 ｜ 2500-1991
　　　　　　服務時間：週一至週五 09:30-12:00 ｜ 13:30-17:00
　　　　　　劃撥帳號：19863813　　戶名：書虫股份有限公司
　　　　　　讀者服務信箱：service@readingclub.com.tw
香港發行所　城邦（香港）出版集團有限公司
　　　　　　香港九龍土瓜灣土瓜灣道 86 號順聯工業大廈 6 樓 A 室
　　　　　　電話：852-2508 6231
　　　　　　傳真：852-2578 9337
馬新發行所　城邦（馬新）出版集團 Cite(M) Sdn. Bhd
　　　　　　41, Jalan Radin Anum,
　　　　　　Bandar Baru Sri Petaling,
　　　　　　57000 Kuala Lumpur, Malaysia.
　　　　　　電話：+6(03) 9056 3833
　　　　　　傳真：+6(03) 9057 6622
　　　　　　讀者服務信箱：services@cite.my
麥田部落格　http:// ryefield.pixnet.net
印　　　刷　前進彩藝有限公司
初　　　版　2024 年 2 月
初 版 三 刷　2024 年 8 月
售　　　價　320 元
版權所有 翻印必究
ISBN 978-626-7281-51-2
EISBN 9786267281505(EPUB)

本書若有缺頁、破損、裝訂錯誤，請寄回更換。

This book is published with the support of Publication Industry Promotion Agency of Korea(KPIPA)

國家圖書館出版品預行編目資料

我會自己做計畫：時間管理、零用
錢規劃、作息安排……從故事建立
好習慣，養成自主學習 / 姜壽眞著；
葛增娜譯 .-- 初版 .-- 臺北市：小麥田
出版：英屬蓋曼群島商家庭傳媒股份
有限公司城邦分公司發行 , 2024.02
　面；　公分 .--（小麥田知識館）
譯自：계획하는 어린이

ISBN 978-626-7281-51-2（平裝）
1.CST: 生活教育 2.CST: 自主學習
3.CST: 通俗作品

528.33　　　　　　　112019882

城邦讀書花園
www.cite.com.tw
書店網址：www.cite.com.tw

계획하는 어린이
(A child who are good at planing)
Copyright ©2023 by 강수진 (KANG SUJIN, 姜壽眞), 모예진 (MO YEJIN, 牟睿眞)
All rights reserved.
Complex Chinese Copyright © 2024 by Rye Field Publications, a division of Cite Publishing Ltd.
Complex Chinese translation Copyright is arranged with KINDERLAND PUBLISHING CO. through Eric Yang Agency